ASSOCIATION

DÉMOCRATIQUE

DE NIMES

NIMES

IMPRIMERIE ROGER ET LAPORTE
Place Saint-Paul, 5.

—

1871

ASSOCIATION DÉMOCRATIQUE

L'Association démocratique s'est fondée en vue d'unir sur le terrain commun de la République les diverses nuances libérales.

Depuis qu'elle existe, elle a soutenu ses principes dans toutes les occasions qui se sont présentées.

Pour répondre à des désirs plusieurs fois exprimés, elle a réuni dans cette publication quelques documents qui font connaître ses intentions, son institution, son organisation intérieure, ses principaux actes jusqu'à ce jour.

Elle espère que tous les bons citoyens approuveront son programme et sa conduite, et elle leur demande de continuer à s'unir à elle pour la défense de la justice et de la liberté.

1871

DOCUMENTS

PROGRAMME

L'association se propose d'unir, dans une entente et une action commune, les éléments libéraux qui existent parmi nous, mais qui restent impuissants parce qu'ils sont isolés.

Par suite de cet isolement, il est arrivé souvent que le peuple s'est trouvé livré à l'influence des minorités qui, en réveillant les passions locales, en mêlant aux affaires publiques le souvenir de dissentiments regrettables, savaient faire triompher leurs desseins sans plus songer le lendemain du succès à cette majorité qu'elles avaient courtisée et troublée.

Le peuple aujourd'hui doit s'affranchir de ces tutelles dangereuses ; il faut qu'il s'organise et se groupe pour que le gouvernement du pays par le pays devienne une réalité.

Cette réalité, la République seule peut nous la donner, à condition que le peuple se préoccupe des affaires communes ; que, par son concours et son contrôle, il s'applique à garantir ses intérêts maté-

riels et moraux, ses droits politiques, contre l'arbi-
traire et les usurpations.

Sous la main de Dieu, le peuple est l'unique
souverain. Ses délégués, à tous les degrés, ne doivent rien faire qui ne tende au bien des citoyens de
qui ils tiennent leurs pouvoirs.

Mais le peuple lui-même doit se soustraire à l'influence des vieux préjugés dont ses ennemis ont
trop profité pour le diviser et annuler la liberté de
ses appréciations et de ses choix.

L'Association démocratique veut offrir à tous les
citoyens un terrain de conciliation d'où soient ban-
nies les rancunes, les distinctions et les exclusions
de toute espèce; elle croit qu'en s'unissant ils seront plus forts, capables de se protéger eux-mêmes;
elle est le lien naturel de ceux qui acceptent loyale-
ment la devise immortelle, sublime émanation du
christianisme, que nous lisons inscrite au drapeau
de la République : *Liberté, Egalité. Fraternité.*

Après tant de déceptions et de malheurs, la République doit être désormais la forme définitive du
gouvernement de la France : elle seule peut régé-
nérer et sauver le pays; elle est le seul régime qui
laisse le pouvoir dans les mains des citoyens et qui
leur garantisse efficacement l'ordre, la justice, la
liberté.

Pour l'association démocratique, les membres du bureau :

VIER F., *Président;* HÉRAIL, *Assesseur;*
VERDIER F., *Vice-Président;* FABRE L., *Secrétaire;*
ANDRÉ H., *Vice-Président;* TIBAUT, *Trésorier.*
Dr BOLZE, *Assesseur;*

RÈGLEMENT

Article 1ᵉʳ.

L'Association démocratique se compose des citoyens qui adhèrent au programme accepté et
signé par les premiers membres. Les formes de
l'admission sont l'objet d'un article spécial.

Art, 2.

Elle se gouverne [elle-même d'après le présent
réglement établi dans sa première séance et
qu'elle a toujours le droit de modifier.

Art. 3.

La direction de l'Association est confiée à un
bureau composé d'un président, de deux vice-présidents, de deux assesseurs, de deux secrétaires,
d'un trésorier, élus au scrutin secret, à la majorité des suffrages exprimés, lès bulletins blancs
ou irréguliers n'étant pas comptés. Si aucun nom
n'obtient la majorité absolue des votants, il sera
procédé à un second et dernier tour de scrutin.
Si, dans ce dernier vote, le cas du partage des voix
se présente l'âge décidera.

Art. 4. (1)

Le bureau sera constitué à nouveau tous les trois mois.

Art. 5.

Les membres du bureau, excepté les secrétaires et le trésorier, ne seront pas éligibles deux trimestres consécutifs.

Art. 6.

Le président peut-être suppléé en cas d'empêchement, ou s'il le désire, par un des vice-présidents où à défaut de ceux-ci, par un des assesseurs, l'âge décidant la priorité dans les cas d'incertitude.

Art. 7.

Le Président convoque les assemblées de l'Association, dirige les délibérations, propose l'ordre du jour, donne la parole, propose le vote, lève les séances.

Art. 8.

Le président a voix prépondérante dans le cas du partage des voix, hors le cas du renouvellement du bureau.

Art. 9.

Le tour de parole des orateurs est fixé conformément au procès-verbal tenu par les secrétaires,

Art. 10.

La parole demandée pour un fait personnel doit

(1) Modifié par délibération de l'Assemblée du 31 mai dernier qui limite à un mois la durée des fonctions des membres du bureau.

être accordée à moins d'une décision contraire de l'Assemblée.

ART. 11.

Le rappel à la question peut être prononcé par le président.

Art. 12.

La parole ne peut être enlevée à un orateur qu'après trois avertissements de revenir à la question discutée, et du consentement de l'Assemblee.

ART. 13.

Le rappel à l'ordre peut être prononcé par le président, mais le membre rappelé à l'ordre peut être admis à expliquer l'acte ou les paroles qui auraient provoqué cette mesure.

ART. 14.

D'une manière générale la représentation de l'Association et la police des assemblées sont confiées au président.

Art. 15.

Un des secrétaires rédige au cours de chaque séance un procès verbal sommaire qui est lu au commencement de la séance suivante et qui peut être l'objet de rectifications.

ART. 16.

Les procés-verbaux doivent être conservés.

ART. 17.

Le Trésorier reçoit les cotisations et les dons volontaires, paie les dépenses ordonnancées par le président, délivre les reçus tient un état des recettes et des dépenses. Il est responsable des fonds qui lui sont confiés.

ART. 18.

L'Association se réunit sur la convocation du président en fonctions ou de son délégué dans un local déterminé à l'avance dans une réunion régulière : cette dernière décision nest pas applicable à un cas de force majeure qul ferait chan ger à l'improviste le lieu de la réunion.

ART. 19.

Les réunions sont privées : des réunions publiques peuvent être convoquées à la suite d'un vote de l'association.

ART. 20.

Des réunions régulières auront lieu sans convocation expresse, le mercredi et le samedi de chaque semaine à huit heures du soir

ART. 21.

Le réglement ne peut être modiflé que dans une assemblée générale des membres convoqués à domicile par une lettre du Président indiquant l'objet de la réunion ; si dans un premier vote, la modification proposée n'obtient pas les deux tiers des voix, il sera procédé à un second et dernier vote dans lequel la majorité relative suffira.

ART. 22.

Les réunions de l'association sont employées conformément à l'ordre du jour fixé à la fin de chaque séance par le Président avec le concours de l'assemblée.

ART. 23.

Toute proposition émanant du Président ou de cinq membres, doit, s'ils le demandent, être l'objet d'un vote.

Art. 24.

Le vote se fait par mains levées. L'appréciation est remise au bureau qui peut demander une contre épreuve. Le scrutin secret doit avoir lieu si l'indécision subsiste, et dans toutes les circonstances sur la demande écrite et signé de cinq membres.

Art. 25.

La parole sur la question ou sur la position de la question ne peut être donnée une fois le vote commencé.

Art. 26.

La présence au bureau d'au moins trois des membres qui le composent est nécessaire à la validité des délibérations.

Art. 27.

L'assemblée régulièrement réunie est toujours maîtresse de son ordre du jour.

Art. 28.

L'admission d'un membre nouveau est prononcée par le bureau sur la présentation de deux membres au moins. Les signatures sont déposées sur le registre des procès-verbaux à la suite du programme de l'association.

Art. 29.

Les noms des membres seront inscrits par les soins du Trésorier sur un registre portant leur numéro d'ordre et le chiffre de leur cotisation.

Art. 30.

Le minimum de la cotisation est de cinquante centimes par mois, payables d'avance ; les dons volontaires sont reçus.

Art. 31.

Des cartes d'adhésion nominatives contre-signées par le Président seront délivrées à chaque membre de l'association. Ces cartes doivent être contre-signées chaque mois par le Trésorier, elles seront demandées à la porte du lieu des réunions et devront être présentées sur la réquisition du Président.

Art. 32.

Tout membre convaincu d'avoir fourni à une personne étrangère à l'association le moyen de s'introduire dans une réunion pourra être rayé du nombre des associés.

Art. 33.

Les cas imprévus par le présent réglement seront soumis au fur et à mesure par le Président à l'appréciation de l'association régulièrement réunie.

Art. 34.

Le programme de l'association, les signatures des membres de l'association, le réglement ci-dessus sont conservés en tête du registre affecté aux procès-verbaux.

Nota. — L'Association, une fois organisée, a communiqué son Programme et son Règlement à l'Autorité préfectorale, et a obtenu une autorisation régulière.

ÉLECTIONS MUNICIPALES

MANIFESTE

Citoyens,

L'*Association démocratique* s'est jointe aux autres Sociétés républicaines pour protester contre la nouvelle division de la Ville en deux sections électorales et pour recommander l'abstention.

Une division de cette nature lui a paru contraire aux idées de conciliation qu'elle tient à faire prévaloir.

L'*Association démocratique* croit que, dans la situation qui est faite aux Electeurs, l'abstention est la seule attitude qui convienne aux républicains et à tous ceux qui ont souci de leur dignité de Citoyen.

Le suffrage universel ne doit accepter ni restrictions ni entraves et, sous la République, nous ne pouvons tolérer une pression administrative que nous avons combattue sous l'Empire.

Les membres de la Commission,

VIER F., VERDIER , H. ANDRÉ , L. FABRE, COMPAN, SAURED, F. TIBAUT S. GUELLE, C. BASTIDE, CHRISTOL, BEAUME.

ASSOCIATION DÉMOCRATIQUE

(Séance du 27 mars 1871)

A MONSIEUR LE PRÉSIDENT

Chef du Pouvoir exécutif du gouvernement de la République française.

Monsisur le Président,

L'*Association Démocratique* fidèle à son programme, réprouve hautement les crimes qui ont pu être commis. Elle en regarde les auteurs comme les plus grands ennemis de la République. Ils ne sont pas républicains ceux qui profitant de l'excitation du moment compromettent la République par de coupables excès.

L'*Association Démocratique* appelle de tous ses vœux l'apaisement et la conciliation au sein de notre assemblée souveraine et dans le pays qu'elle représente. Elle croit que pour assurer le rétablissement de l'ordre le gouvernement doit affirmer de plus en plus la politique sage et républicaine qui lui a valu l'approbation de la nation.

Pour l'Association démocratique ;

Le Président,   *Le Secrétaire,*

F. VIER.   L. FABRE.

Nimes, le 27 mars 1871.

A MONSIEUR LE PRÉSIDENT

chef du pouvoir exécutif du gouvernement de la République française.

L'*Association démocratique* croit de son devoir de porter à votre connaissance la délibération par elle prise dans sa séance du lundi 27 mars 1871.

Dans les cruelles épreuves que traverse le pays nous croyons répondre au sentiment public en nous confiant à la sagesse et au patriotisme du chef du pouvoir exécutif de la République française.

Daignez agréer, Monsieur le Président, l'assurance du profond respect de vos dévoués serviteurs.

Le Président,	*Le Secrétaire*,
F. VIER.	L. FABRE.

Nimes, le 28 mars 1871.

———

POUVOIR
XÉCUTIF.

—

présidence
U CONSEIL
des ministres.

—

RÉPUBLIQUE FRANÇAISE.

—

Versailles, 3 avril 1871.

Monsieur le Président,

Monsieur le Chef du Pouvoir exécutif me charge de vous remercier et de remercier en son nom l'Association démocratique de Nimes des sentiments de confiance et de dévouement que lui exprime l'adresse que vous lui avez fait parvenir.

Veuillez agréer, Monsieur le président, l'expression de ma considération très distinguée.

By. SAINT-HILAIRE.
Représentant du Peuple.

M. le Président de l'Association démocratique de Nimes.

ÉLECTIONS LÉGISLATIVES

DU 2 JUILLET 1871

ELECTEURS,

L'*Association démocratique* a pour programme de travailler à fonder la Liberté et la République, par la conciliation et la légalité.

Elle prouve aux *Catholiques*, par son exemple, que *Catholiques et Protestants* peuvent se rencontrer et s'unir sur le terrain des grandes idées de *Justice et de Liberté*. Elle sait que sa conduite aux élections municipales a eu votre assentiment.

Ses délégués, représentant deux cantons de Nimes, ont pris part aux délibérations du Comité central républicain qui s'est réuni le 19 juin à Nimes.

Les candidats républicains sont, vous le savez déjà : MM. LAGET ET CAZOT.

Notre devoir de citoyeus est de voter pour eux.

Deux partis sont en présence :

Les Républicains acceptent le programme de M. Thiers : « Délivrer le sol français de la honte et du fardeau de l'occupation étrangère, rendre au pays sa dignité, sa prospérité, la paix intérieure, quand l'Empire nous avait légué l'invasion, la misère et la guerre civile. »

Tel est ce programme déjà réalisé, en partie, par l'immence succès de l'Emprunt national.

Les monarchistes se séparent de M. Thiers, après l'avoir pris pour chef : devenus révolutionnaires, ils ne songent qu'à renverser la République. Leur succès nous mènerait droit à l'anarchie, à la guerre civile, et même à la guerre étrangère. Ils paraissent ne pas le comprendre, préoccupés qu'ils sont de ravir au peuple sa souveraineté pour la livrer à un seul homme, sur le choix duquel ils ne s'entendent pas.

Puisque la lutte est engagée entre la République et la Monarchie, entre la Liberté et la sujétion, entre l'ordre établi et les hasards d'une révolution, eutre l'économie du Gouvernement de tous et les prodigalités ruineuses du gouvernement des favoris, vous voterez sans hésiter pour les candidats républicains : MM. Laget et Cazot.

Point d'abstention ! soyons unis et résolus, envoyons à M. Thiers deux alliés, à la République deux défenseurs.

Vive la France ! Vive la République !

Nimes, le 29 juin 1871.

(Les Membres de la Société démocratique).

Voilà nos principes, nos statuts et nos actes.

Ce que nous avons fait à Nimes peut être fait dans d'autres communes. Nous ne prétendons point offrir un modèle, mais nous pensons que notre exemple doit engager les citoyens à s'unir par des liens solides et durables.

Là où la formation d'associations locales offrirait trop de difficultés, il conviendrait de se joindre directement à nous pour nous aider dans notre tâche.

C'est l'*association* qui seule peut donner au parti libéral la cohésion et la puissance. Pour conserver les libertés que nous possédons, et pour contrôler efficacement l'Administration du pays, il est nécessaire que tous s'entendent et unissent leurs efforts.

C'est par l'*association* que s'accomplira la conciliation des diverses parties de notre population : les ambitions ont exploité longtemps des préjugés et des passions d'un autre âge pour tenir le peuple dans l'ignorance et la sujétion. Oublions désormais ces divisions mesquines et rallions-nous autour des principes. C'est l'unique moyen de rompre les vieilles entraves qni gênent encore notre marche.

Notre programme est assez large pour que

tous les hommes de liberté puissent l'accepter et le propager, sans renier aucune de leurs préférences légitimes.

Organisons-nous et travaillons, si nous voulons le maintien de l'ordre et la conservation de tous les biens que résume le mot de République.

L'homme ne peut rien seul; *il n'est fort que par l'union; il n'est heureux que par la paix.* Unissons-nous pour être forts; unissons-nous pour défendre nos droits sans cesse menacés, ou pour les reconquérir s'ils pouvaient nous être ravis; unissons-nous pour avoir enfin cette paix qui fait le bonheur des peuples et qui a été promise aux hommes de bonne volonté.

Ainsi le plus faible, le plus petit avec le secours de ses frères pourra se protéger lui-même, aulieu de demander à la faveur un appui toujours chèrement acheté ; car sous les gouvernements de privilège, la justice est refusée au faible qui veut sauvegarder sa dignité avec ses intérêts.

Pour l'*Association démocratique,*

Les Membres de la Commission :

Fˢ. VIER, DUTERT, L. FABRE, L. BELLOT,
A. AUBANEL, A. CORNET, AVIAS,
PLANCHON, NOGIER, H. ROUCHOUSE,
H. ANDRÉ, TIBAUT, P. MANSE.

Nimes. — Typ. Roger et Laporte, place Sᵗ-Paul, 5.